Kochen für Ingenieure

von Stefan Palkoska

Inhaltsverzeichnis

Vorwort Stefan Palkoska

1. Die einzelnen Gerichte sind als Teil eines gesamten Menüs vorgesehen. Das heißt, es gibt nur bei wenigen Gerichten die klassische Zusammenstellung Fleisch, Kartoffeln und Gemüsebeilage. Stattdessen haben wir die Gerichte auf das Wesentliche beschränkt. Sozusagen die Essenz der Gerichte. Das bedeutet für Sie, dass Sie auch drei Gänge essen können und sich immer noch wohlfühlen.

2. Die Zeitangaben in den Rezepten sind Richtwerte. Die Zubereitungszeiten können je nach Umstand abweichen. Die Art des Herdes, Höhenlage, etc. hat hier Einfluss. Bitte prüfen Sie immer selbst und passen Sie Dauer und Einstellung gegebenenfalls an.

3. Durch die Rückwärtsterminierung ist es einfach möglich abzuschätzen wann sie mit der Zubereitung beginnen müssen. Was im Projektmanagement funktioniert wird auch beim Kochen hilfreich sein.

4. Jedes Gericht hat eine Weinempfehlung. Das bedeutet nicht, dass Sie zu jedem Gericht auch Wein trinken müssen. Bitte genießen Sie Alkohol in Maßen, im Rahmen der gesetzlichen Bestimmungen und achten Sie auf Ihre Gesundheit!

5. Die Weinempfehlungen sind mit der freundlichen Unterstützung der Mövenpick Wein AG entstanden. Die Empfehlung ist so gegliedert, dass eingangs allgemeine Hinweise zur Weinauswahl stehen. Danach wird auf den empfohlenen Wein der Mövenpick Wein AG eingegangen. Im Anhang sind dann Details der Weine angegeben wie Rebsorte, Jahrgang, Anbaugebiet, etc.

6. Um die Rezepte einfach verständlich zu gestalten, haben wir auf Fachbegriffe weitestgehend verzichtet. Das Kochen soll einfach verständlich sein und ohne Begriffserklärung auskommen. Gute Übersichtlichkeit

und Klarheit hatten immer oberste Priorität bei der Gestaltung des Buches.

7. Das Ambiente, in dem Gäste ihre Speisen serviert bekommen, ist ebenso wichtig wie das Essen selbst. Servietten, Kerzen, Tischdecke etc. bieten für wenig Aufwand eine enorme Wirkung. Das Auge isst mit, denken Sie daran.

Und nun wünsche ich Ihnen viel Spaß beim Kochen!

Stefan Palkoska
Dipl.-Ing., MBA

Vorwort Mövenpick Wein AG

Der Wein ist die Sauce eines jeden Gerichts. So kommt es, dass „Wein und Speisen" eines der spannendsten Themen ist, wenn es um Weingenuss geht. Durch die Kombination verschiedener Weine zum einzelnen Gericht, können Sie diesem einen völlig neuen Charakter geben.

Daher war es uns wichtig, Ihnen bei den folgenden Weinempfehlungen, sowohl klassische Empfehlungen nach alter Regel: Weißer Wein zu weißem Fleisch und roter Wein zu rotem Fleisch zu zeigen, aber Sie vor allem zu ermutigen, offen zu sein für Neues. Es gibt viel zu viel zu entdecken, als hier allein nach althergebrachten Regeln zu leben. Bei der Kombination von Wein und Speisen ist (fast) alles möglich. Sei es ein Sherry zu Meeresfrüchten oder ein fruchtig, kräftiger Rotwein aus der Schweiz zu einem klassischen Coq au Vin. Perfekter Genuss entsteht, wenn die vielfältigen und kreativen Speisen mit den harmonierenden Qualitätsweinen vermählt werden.

Mit unseren Empfehlungen möchten wir Ihnen die Vielfalt der Weine näherbringen. Auch bei gleicher Traubensorte kann ein Wein, je nach Herkunftsland und klimatischen Verhältnissen, unterschiedliche Charakteristiken aufweisen. So ist ein Pinot Noir aus Übersee um einiges kräftiger und fülliger, als ein Pinot Noir aus Deutschland, der eher durch seine Eleganz und Harmonie besticht.

Die Vielzahl der verschiedenen Weintypen - von Sauternes bis Portwein – erlaubt es, zu jedem Gang einen passenden Wein zu finden und das Menü abzurunden. So kann man insbesondere zum Dessert Weine finden, welche die Süße zwar unterstreichen, diese aber nicht verstärken.

Mövenpick Wein ist einer der größten Weinhändler in Deutschland und Marktführer in der Schweiz. Mit unseren 14 Weinfachgeschäften sowohl in Deutschland, als auch in der Schweiz, haben wir eine Platt-form geschaffen, um unseren Kunden den bestmöglichen Service rund um den Wein zu bieten. Mövenpick Wein steht für höchste Qualität, Selektionskompetenz und Genuss rund um den Wein.

Mit viel Freude haben wir zu den leckeren Speisen dieses Buches die passenden Weine ausgesucht, um Sie auf eine geschmackliche Entdeckungsreise zu schicken.
Lassen Sie sich in diese innovative Welt entführen und entdecken Sie neue Genusswelten aus Küche und Keller.

Viel Spaß beim Experimentieren und Genießen wünscht Ihnen Ihr Mövenpick Wein Team

Stefanie Herbst
Dipl. Ing. für Weinbau und Oenologie (FH)
Mövenpick Wein AG

Vorspeise

Entrée

Starter

Entremés

Antipasto

Aperitivo

Definition: Eine Vorspeise ist eine kleine Speise, die vor dem Hauptgericht verzehrt wird und die den Appetit anregen und den größten Hunger dämpfen soll.

Chicorée mit Hüttenkäse

Stückliste für 4 Personen

Menge	Einheit	Benennung
200	g	Hüttenkäse
1	Stück	Chicorée
1	Dose	Mandarinen
1	EL	Petersilie
1	Stück	Zitrone
1	TL	Salz
2	EL	Mandelblätter

! Diese Vorspeise eignet sich hervorragend als Empfangshäppchen, das mit einem Aperitif gereicht werden kann.

Aufgrund der Mandarinen und der Zitrone passt zu diesem Salat am besten ein Weißwein mit nicht zu viel Extrakt, der die Aromen des Gerichtes perfekt abrundet. Wir haben da an einen frischen Verdejo von der Bodegas Avelino Vegas gedacht.

Teller
Chicoréeblätter auf einem Teller anrichten und die Füllung in die Blätter geben.

Garnieren und servieren.

Chicoréeblätter abtrennen und waschen.

Mandarinen aus der Dose abtropfen und in 5 mm Würfel schneiden.

Schüssel
Hüttenkäse, Mandelblättchen, Salz, Zitronensaft und Petersilie vermischen.

Petersilie waschen und fein hacken.
Zitronen halbieren und 1 TL auspressen.

Garnelen-suppe

Stückliste für 4 Personen

Menge	Einheit	Benennung
3	Stück	Kartoffeln
3	Stück	Karotten
250	ml	Wasser
1	EL	Gemüsebrühe
1	Stück	Lorbeerblatt
1	Stück	Zwiebel
2	Stück	Knoblauchzehen
100	g	Garnelen
100	g	Krebsfleisch
2	EL	Traubenkernöl

!• Garnelen und Krebsfleisch gibt es in kleinen Portionen bei Discountern wie Aldi und müssen für einen Eintopf nicht unbedingt frisch vom Fischhandel besorgt werden.

Zu Gerichten mit Schalen und Krustentieren harmonieren nicht zu trockene, aber dennoch frische und aromatische Weißweine am besten. Wir empfehlen Ihnen einen fruchtigen Riesling aus Deutschland, wie den Riesling Graf Burgenthal vom Weingut Becker Landgraf.

20 Min.	15 Min.	5 Min.	

Topf
Wasser erhitzen Gemüsebrühe und Lorbeerblatt dazugeben.

Karotten und Kartoffelwürfel 10 Min. kochen lassen.

Lorbeerblatt entfernen und den Inhalt des Topfes und der Pfanne in einem Mixer pürieren.
Kurz vor dem Servieren in einem Topf erwärmen.

Auf Tellern anrichten, mit Koriander und den beiseitegelegten Garnelen garnieren.

Kartoffeln und Karotten schälen und in 5mm große Würfel schneiden.

Pfanne
Zwiebeln mit Kernöl anbraten bis sie glasig werden, dann die Knoblauchzehen, Garnelen und Krebsfleisch dazugeben und 1 Min. anbraten.

Zwiebel und Knoblauchzehen in 5mm Würfel schneiden.
Garnelen und Krebsfleisch in ca. 1 cm große Würfel schneiden.
4 Garnelen für die Dekoration beiseitelegen.

13

Zucchini mit Parmesan und Pinienkernen

Stückliste für 4 Personen

Menge	Einheit	Benennung
2	Stück	Zucchini
50	g	Pinienkerne
30	g	Parmesan am Stück
2	EL	Olivenöl
6	EL	Traubenkernöl
¼	TL	Salz
¼	TL	Pfeffer

!• Zucchini nur einmal wenden, dass sie schön Farbe und Geschmack haben. Wenn man Gemüse zu oft umrührt wird es fad, weich.

Zu diesem Gericht passen am besten nicht zu alkohol- und gerbstoffreiche Weine, sondern eher kräftige Weine mit Eleganz und einer schönen Würzigkeit. Wir empfehlen den Foras, der bekannten Cantine Sardus Pater aus Sardinien.

Pfanne
Traubenkernöl mit den Zucchini ca. 5 Min. bei größter Hitze anbraten bis sie leicht braun werden.

Pfeffern und salzen.

Mit Pinienkernen und Parmesanscheiben anrichten und mit Olivenöl beträufeln.

Zucchini in 2 mm dicke Scheiben schneiden.

Speckpflaumen auf Rosmarinspießen

Stückliste für 4 Personen

Menge	Einheit	Benennung
12	Stück	getrocknete Pflaumen
12	Scheiben	durchwachsener Speck
4	Stück	Rosmarinzweige

! Am besten entwickelt sich das Aroma mit frischen Rosmarinzweigen. Alternativ können auch herkömmliche Spieße genommen werden. Dann sollte etwas Rosmarin beim Aufrollen in die Speckscheiben gegeben werden.

Ein Gericht in Weinform. Dies ist uns bei dieser Weinempfehlung gelungen. Der La Falaise aus dem Languedoc verinnerlicht genau die Aromen des Gerichtes. Die süße Fruchtigkeit der Pflaumen und die würzigen Komponenten des Rosmarin: Ein absolut harmonisches Paar.

Ofen
Ofen auf 200 °C vorheizen.

Spieße auf die oberste Schiene im Ofen auf den Rost legen.
Die Rosmarinnadeln mit Alufolie abdecken.
Blech unter die Spieße legen, um das heruntertropfende Fett aufzufangen.

ca. 3-5 Min. bei 250 °C Oberhitze den Speck rösten bis er braun wird.

Spieße mit den Speckpflaumen anrichten.

Je eine Pflaume mit einer Scheibe Speck umwickeln und mit einem Zahnstocher ein Loch quer durch die Speckpflaume stecken. Jeweils 3 vorgelochte Speckpflaumen auf einen Rosmarinzweig spießen.

Salat mit Hähnchen und Cashewkernen

Stückliste für 4 Personen

Menge	Einheit	Benennung
250	g	Hähnchenbrustfilet
1	Stück	Zwiebel
1	Stück	Knoblauchzehe
1	Stück	Limette
1	Stück	Paprikaschote
1	Stück	Eichenblattsalat
2	Stück	Tomaten
100	g	Salatgurke
2	TL	Olivenöl
4	EL	Traubenkernöl
1	TL	Balsamico
10	Stück	Oliven
30	g	Cashewkerne

! Traubenkernöl ist höher erhitzbar als andere Speiseöle und daher ideal zum Braten von Fleisch geeignet. Anstatt des Traubenkernöls kann man auch Sonnenblumenkernöl benutzen.

Bei diesem herrlich frischen Sommersalat richten wir uns nach den dominierenden Zutaten und wählen deshalb den anregenden Chenin Blanc Inspire vom Weingut Spier aus Südafrika.

Schüssel
Gemüse in die Schüssel geben und mischen.

Hähnchenstreifen und Paprika auf den Salat geben.

Dressing über dem Salat verteilen.

Schüssel mit Cashewkernen und 10 Oliven garnieren und servieren.

Salat, Gurke und Tomaten waschen und schneiden.

Tasse
Olivenöl und Balsamico zum Dressing mischen.

Pfanne
alles 5 Min. mit Traubenkernöl bei großer Hitze anbraten.

Schüssel
Hähnchenbrustfilet in Streifen schneiden und in eine kleine Schüssel geben.

Alles mischen und 20 Min. ziehen lassen.

Zwiebeln in 5 mm Würfel schneiden. Knoblauch in 1 mm Scheiben schneiden. 1 Limette auspressen.

Paprikaschoten in 4 cm lange Streifen schneiden.

Garnelen mit Knoblauch

Stückliste für 4 Personen

Menge	Einheit	Benennung
12	Stück	Garnelen (ohne Kopf und Beine)
3	Stück	Knoblauchzehen
4	EL	Traubenkernöl
1	Stück	Limette
1	TL	Meersalz
½	TL	Pfeffer

! Garnelen frisch, ohne Kopf und Beine, roh (graue Farbe) kaufen: ca. 40-50 g pro Stück. Den Knoblauch erst spät in die Pfanne geben, da er sonst verbrennt.

Zu Meeresfrüchten muss es nicht immer ein Schaumwein sein. Probieren Sie mal einen trockenen, gut gekühlten Sherry und lassen Sie sich von diesem Geschmackserlebnis überwältigen. Wir empfehlen den hochprämierten Fino Sherry Solera Reserva Jarana von Emilio Lustau.

Pfanne
Die Garnelen bei ¾ Hitze jeweils von beiden Seiten mit Traubenkernöl für ca. 2 Min. anbraten, bis sie rosa sind.

Knoblauch in die Pfanne geben, 1 Min. bei ½ Hitze weiter braten.

Garnelen am Längsschnitt aufklappen und Schnittflächen auf den Pfannenboden drücken und 1 Min. anbraten.

Auf Tellern anrichten und genießen.

Garnelen abspülen, und der Länge nach von der Kopfseite bis zur Hälfte einschneiden (Schmetterlingsschnitt) und am Rücken die schwarzen Darmfäden entfernen. Mit Limettensaft beträufeln, salzen und pfeffern.

Knoblauchzehen schälen und in ca. 5mm große Würfel schneiden.

Teller vorwärmen.

21

Champignon-suppe

Stückliste für 4 Personen

Menge	Einheit	Benennung
500	g	Champignons
1	Stück	Zwiebel
1	Stück	Knoblauchzehe
250	ml	Sojacreme
50	g	Koriander
1	TL	Salz
1	TL	Pfeffer
2	EL	Traubenkernöl

! Anstatt Sojacreme kann auch Crème fraîche genommen werden.

Dass Wein und Suppen nicht zusammenpassen ist ein Vorurteil, das Sie schnell vergessen sollten. Zur Weinauswahl gibt es eine kleine Hilfe: Je heller und feiner die Suppe, desto leichter sollte auch der Wein sein. Auch hier gilt es offen zu sein. Zu cremigen Suppen passen aber auch oft schmelzige Schaumweine, wie der Crémant Tresor von Bouvet Ladubay an der Loire.

Topf
Kurz vor dem Servieren in einem Topf erwärmen. Zum Schluss mit Salz und Pfeffer würzen.

Auf Tellern mit 20 ml Sojacreme anrichten und mit Koriander garnieren.

Mixer
Gebratenes aus der Pfanne mit 100 ml Sojacreme pürieren.

Pfanne
Zwiebel in Traubenkernöl 2 Min. anbraten. Knoblauch und Champignons dazugeben und 5 Min. bei ½ Hitze weiter braten.

Champignons waschen und vierteln. Zwiebel und Knoblauch in 5 mm Würfel schneiden.

Karottensoufflé

Stückliste für 4 Personen

Menge	Einheit	Benennung
300	g	Karotten
4	Stück	Eier
1	Stück	Zwiebel
1	Stück	Knoblauchzehe
1	EL	Gemüsebrühe
3	EL	Mehl
100	ml	Milch
1	EL	Olivenöl
250	ml	Wasser

! Eischnee vorsichtig unterheben damit der Schaum nicht zusammenfällt. Wenn von Gemüsebrühe gesprochen wird ist immer das Pulver gemeint.

Zu diesem verführerisch-leichten und dennoch aromatischen Soufflé entscheiden wir uns für einen ebenso schmeichlerischen Rotwein: den Compleo der Staatskellerei Zürich, der mit seiner ausgeprägten Frucht und Aromenvielfalt die süßen Karotten-Aromen perfekt unterstreicht.

Ofen
Form mit Butter einreiben und die Masse in 4 Formen geben und den geriebenen Käse darüberstreuen.

15 Min. bei 180 °C im Ofen backen bis der Käse braun wird.

In der Form auf dem Tisch servieren.

Topf
Karotten mit Gemüsebrühe in den Topf geben und mit Wasser auffüllen.

5 Min. kochen und auskühlen lassen.

Inhalt der Pfanne unterrühren und danach vorsichtig den Eischnee unterheben.

Karotten reiben

Pfanne
Zwiebeln mit Olivenöl 2 Min. anbraten. Knoblauchzehe dazugeben und 1 Min. weiter braten.

Mehl mit Eigelb verrühren und für 5 Min. in der Pfanne anbraten. Milch dazugeben und umrühren, pfeffern und salzen.

Zwiebeln und Knoblauch in 5 mm große Würfel schneiden.

Eier trennen (Eiweiß/Eigelb)

Schüssel
Eiweiß zu Eischnee schlagen.

Hauptgang

Plat principal

Main course

Plato principal

Piatto principale

Prato principal

Definition: Als Hauptgericht bezeichnet man das Gericht, das in einer Reihe von Gängen, dem so genannten Menü, die zentrale und dominierende Stelle einnimmt.

Austern mit Tomatenvinaigrette

Stückliste für 4 Personen

Menge	Einheit	Benennung
12	Stück	Austern
500	g	Steinsalz
2	Stück	Tomaten
2	EL	Balsamico
50	ml	Wasser
1	Stück	Schalotte
1	EL	Petersilie

! Die Tomaten lassen sich leichter häuten wenn man sie kurz mit kochendem Wasser übergießt. Beim Kauf der Austern darauf achten, dass sie noch geschlossen sind bzw. sich bei Berührung schließen. Das ist ein Zeichen für ihre Frische. Beim Öffnen der Auster darauf achten, dass keine Flüssigkeit verloren geht.

Zu diesem ausgefallenen Austerngericht empfehlen wir einen mittelschweren, trockenen Sauvignon Blanc mit einer feinen Frucht: den Sancerre Vigne Blanche aus dem traditionsreichen Weingut Henri Bourgeois an der Loire.

Schüssel
Tomaten häuten, entkernen und in 5 mm Würfel schneiden. Schalotten schälen und in 5 mm Würfel schneiden.

Tomatenwürfel, Schalotten, Balsamico, Wasser, Salz, Pfeffer und Petersilie mischen.

Austern auf einer Platte anrichten und Tomatenvinaigrette auf den Austern verteilen.

Backblech
2 cm Steinsalz auf dem Backblech ausbreiten und für 10 Min. in den Ofen schieben.

Austern mit der gewölbten Seite nach unten auf das Salz legen. 8 Min. im Ofen backen.

Blech aus dem Ofen nehmen und Austern 5 Min. auskühlen lassen.

Schließmuskel am Angelpunkt der Austernschale durchtrennen. Obere Schale wegwerfen.

Ofen auf 200 °C vorheizen.

Thunfischsteak mit Sesam

Stückliste für 4 Personen

Menge	Einheit	Benennung
4	Stück	Thunfischsteak 200 g
1	Pk	Feldsalat
20	Stück	Kirschtomaten
6	EL	Olivenöl
4	EL	Traubenkernöl
2	EL	Balsamico
100	g	Sesamkörner

! Das Steak sollte beim Kauf schön dunkel und nach dem Bratvorgang noch zur Hälfte roh sein. Die Sesamkörner dürfen auf keinen Fall anbrennen, da sie sonst einen bitteren Geschmack geben.

Entgegen aller Regeln empfehlen wir Ihnen zum Thunfisch mit Sesam keinen vollmundigen Weißwein, sondern einen wohl gereiften, eleganten Don Sebastian Reserva aus dem Rioja. Mit seinen Aromen nach getrockneten und dunklen Früchten und seinem weich fließenden Körper begleitet er den Thunfisch aufs Feinste, ohne ihn zu überdecken.

Salatschüssel
Feldsalat waschen und in die Schüssel geben.

Kirschtomaten waschen und vierteln.
Olivenöl mit Balsamico mischen und dazugeben.

Thunfischsteaks auf Tellern mit Balsamico dekorieren. Salatschüssel dazustellen.

Pfanne
Traubenkernöl bei ¾ Hitze erwärmen. Die Thunfischsteaks hineinlegen und 2 Min. von beiden Seiten anbraten.

Pfanne von der Kochstelle nehmen, mit einem Deckel abdecken und 2 Min. ruhen lassen.

Thunfisch waschen, abtrocknen und in Sesamkörnern wälzen bis der Fisch mit Sesam bedeckt ist.

31

Muscheln in Weißwein

Stückliste für 4 Personen

Menge	Einheit	Benennung
2	kg	Miesmuscheln
500	ml	Weißwein
1	Stück	Zwiebel
1	Stück	Knoblauchzehe
1	EL	Butter
1	EL	Traubenkernöl
1	EL	Petersilie
1	EL	Pfeffer

! Muscheln können tiefgekühlt im Discounter gekauft werden. Nach dem Kochen die ungeöffneten Muscheln aussortieren und wegwerfen. Eine leere Muschelschale kann wie eine Pinzette genutzt werden, um das Muschelfleisch herauszulösen.

Zu Muscheln eignen sich am besten trockene bis halbtrockene, aromatische aber nicht allzu schwere Weißweine. Wir haben uns für den Chardonnay Château d' Antugnac aus Limoux entschieden.

Topf
Olivenöl und Butter bei ¾ Hitze aufschäumen lassen. Zwiebeln 3 Min. anbraten.

Knoblauch und Pfeffer dazugeben und 1 Min. weiter braten. Muscheln, Weißwein und Petersilie dazugeben. Deckel drauf.

10 Min. bei ¼ Hitze köcheln. Muscheln im Sud wenden und 2 Min. ziehen lassen.

Muscheln auf tiefen Tellern anrichten, den Sud darüber verteilen und mit Baguette servieren.

Zwiebeln in 5 mm Würfel schneiden.

Knoblauch in 5 mm Würfel schneiden. Petersilie waschen und klein hacken.

Lachs auf Reis

Stückliste für 4 Personen

Menge	Einheit	Benennung
4	Stück	Lachsfilet 200 g
500	g	Basmatireis
1	l	Wasser
3	Stück	Tomaten
200	ml	Weißwein
2	Stück	Schalotten
1	TL	Salz
1	TL	Pfeffer
100	ml	Crème fraîche
1	TL	Schnittlauch

! Beim Reiskochen ist das Verhältnis von Reis zu Wasser entscheidend. Dabei gilt 1 Teil Reis auf 2 Teile Wasser.

Aufgrund des kräftigen Eigengeschmacks des Lachses darf man bei diesem Gericht gerne auch mal zu einem trockenen, fruchtigen Roséwein greifen. Unsere Empfehlung: der Coteaux du Languedoc Rosé AOC aus der Domaine de Nizas & Salleles.

45 Min.   30 Min.   20 Min.   10 Min.

Topf
Tomaten, Schalotten, Wein,
Salz und Pfeffer bei ½ Hitze
unterrühren 10 Min. kochen.

Mischung aufkochen, unterrühren und bei ½ Hitze 3 Min.
eindicken lassen.

*Lachs auf den
Tellern anrichten.
Den Reis dazuge-
ben und mit der
Sauce garnieren.*

*Tomaten waschen und in
1 cm Würfel schneiden.
Schalotten in 5 mm Wür-
fel schneiden.*

Schüssel
Tomaten-Wein-Mischung   durch
ein Sieb in die Schüssel abseien.
Crème fraîche einrühren.

Pfanne
Butter bei ¾ Hitze aufschäumen lassen
und Lachs je 2 Min. pro Seite anbraten.
Herd ausschalten und Lachs in der Pfanne ruhen lassen. Pfeffern und salzen.

Topf
Reis mit 1l Wasser zum Kochen
bringen und auf ¼ Hitze weiter
köcheln lassen bis das Wasser
aufgesogen ist. (ca 10 Min.)

Herd ausschalten und den Reis
weitere 10 Min. ziehen lassen.

*Reis in einem Sieb spülen
bis das Wasser klar bleibt.*

*Schnittlauch waschen und klein hacken.
Teller vorwärmen.*

Pizza provenziale

Stückliste für 4 Personen

Menge	Einheit	Benennung
20	Stück	Sardellenfilets
20	Stück	schwarze Oliven
250	g	Mehl
1	kg	Zwiebeln
50	g	Butter
1	Stück	Lorbeerblatt
1	TL	Thymian
1	TL	Majoran
1	Pk.	Hefe
125	ml	warmes Wasser
½	TL	Zucker
½	TL	Salz
8	EL	Olivenöl

! **●** Die Sardellenfilets gibt es in Öl eingelegt in kleinen Gläschen zu kaufen. Frischer Thymian und Majoran geben der Pizza eine zusätzliche intensive provenzalische Note. Je nach Feuchtigkeit des Teiges Wasser oder Mehl zufügen.

Zu den frischen Gewürzen wie Thymian und Majoran und den Sardellenfilets passt hervorragend ein würzig fruchtiger Rotwein aus Südfrankreich. Aufgrund der kräftigen Aromen, sollte der Wein nicht zu leicht sein. Wir empfehlen Ihnen einen finessenreichen Rotwein aus dem Midi, den Etoile du Sud.

Backblech

Backpapier auf das Backblech legen, mit etwas Mehl bestreuen, Teig ausrollen und Ränder 1 cm hochdrücken.

Zwiebelconfit auf dem Teig ausbreiten und mit Oliven und Sardellen belegen. Pizza für 15 Min. bei 250 °C in der Mitte des Ofens backen.

Pizza in ca. 15x15 cm große Stücke schneiden und mit etwas Olivenöl beträufeln.

Schüssel

Warmes Wasser mit Hefe und Zucker vermengen und 5 Min. stehen lassen. Salz, 4 EL Öl, Mehl und Hefemischung zu einem Teig verarbeiten.

Den Teig mit 2 EL Öl einreiben, mit einem Tuch bedecken und an einen warmen Ort 1 Stunde gehen lassen.

Auflaufform

Backform mit Butter ausstreichen. Die Hälfte der Zwiebelringe in die Backform geben. Lorbeerblätter und Kräuter darauf verteilen und die restlichen Zwiebelringe daraufgeben und mit 2 EL Öl, Pfeffer und Salz bestreuen.

Backform mit den Zwiebeln für 1 Std. bei 150 °C in den Ofen und die Zwiebeln alle 15 Min. wenden.

Zwiebeln in 5 mm dicke Ringe schneiden.

Lammsteak im Speckmantel

Stückliste für 4 Personen

Menge	Einheit	Benennung
4	Stück	Lammsteaks je 200 g
8	Stück	Salbeiblätter
10	Scheiben	Speck
400	g	grüne Bohnen, roh
16	Stück	Zahnstocher aus Holz
2	EL	Traubenkernöl
½	TL	Pfeffer
½	TL	Salz

! Schwarzwälder Schinken eignet sich gut als Speck, sollte aber gut durchwachsen sein. Salbeiblätter gibt es in kleinen Schalen frisch verpackt im Supermarkt wenn man sich keine Salbeipflanze kaufen möchte.

🍷 Dieses Gericht besticht durch seine kräftige Würze und den Eigengeschmack des Lammfleischs, kombiniert mit Röstaromen, durch den angebratenen Speckmantel. Um dieser Speise Paroli bieten zu können, braucht es einen Wein mit starker Opulenz. Wir empfehlen den Châteauneuf-du-Pape von der Domaine de la Présidente.

Pfanne
Lammstücke 2 Min. je Seite bei ¾ Hitze mit Traubenkernöl anbraten.

Pfanne mit den Lammstücken für 30 Min. bei 180 °C in den Ofen stellen.

Auf den vorgewärmten Tellern anrichten.

Lammsteaks salzen und pfeffern. Je 2 Salbeiblätter auf ein Lammsteak legen, mit einer Scheibe Speck einrollen und mit 2 Zahnstochern fixieren.

Pfanne
Speckwürfel für 2 Min. bei ¾ Hitze anbraten. Die Bohnen dazugeben und ca. 5 Min. weiter braten. Butter dazugeben und umrühren.

Topf
Bohnen bei mittlerer Hitze für 10 Min. kochen lassen. Wasser abgießen.

Bohnen waschen und Spitzen abschneiden.

Speck in 5 mm Würfel schneiden.

Teller vorwärmen.

Lammkoteletts mit Thymian und Spargel

Stückliste für 4 Personen

Menge	Einheit	Benennung
400	g	Spargel
8	Stück	Lammkoteletts
4	TL	frischen Thymian
2	EL	Traubenkernöl
200	g	Butter
4	Stück	Eier
2	EL	Weißwein
1	EL	Zitronensaft
¼	TL	Salz
¼	TL	Pfeffer

! Wenn bei der Herstellung der Sauce Hollandaise die Butter in die Eigelb-Weißweinmischung gerührt wird, sollten beide in etwa die gleiche Temperatur haben. Das verhindert das Ausflocken des Eigelbs. Das Eiweiß wird nicht benötigt und kann sehr gut in einer kleinen Plastikschüssel eingefroren und später verwendet werden.

Zu Lamm an mediterranen Kräutern wie Thymian oder Rosmarin, fallen einem als optimale Weinbegleitung gleich üppige und kräftige Rotweine ein. Wir empfehlen Ihnen daher einen fruchtigen, extraktreichen Malbec aus Argentinien den Puerta Secreta der Familia Zuccardi.

Pfanne
Lammkoteletts von jeder Seite 5 Min. bei ¾ Hitze mit 2 EL Kernnöl anbraten.

Auf Tellern anrichten, salzen und pfeffern.

Lammkoteletts mit Thymian einreiben.

Topf
Spargel ca 10 Min. bei ¼ Hitze kochen.

Spargel schälen.

Teller vorwärmen.

Topf
Eigelb, Weißwein und Zitronensaft im Wasserbad (ca. 60-80 °C) cremig rühren.

Butter langsam in die Eigelb-Weißweinmischung unterrühren.

Eier trennen.
(Eiweiß/Eigelb)

Topf
Butter schmelzen lassen und auskühlen lassen.

Kaninchen-braten

Stückliste für 4 Personen

Menge	Einheit	Benennung
4	Stück	Kaninchenkeulen
200	g	Biskin Pflanzenfett
50	g	Butter
2	Stück	große Zwiebeln
10	Stück	Knoblauchzehen
1	Päckchen	Bratensoße
1	Glas	Rotkraut 500 ml
1	Packung	Kartoffelklöße
1	Stück	Semmel
1	EL	Salz
375	ml	Wasser

! Beim Backen ist es wichtig das Kaninchen alle 10 Min. mit Bratflüssigkeit zu übergießen damit es nicht trocken wird.

Je nach Zubereitungsart passen zu Kaninchengerichten kräftige und extraktreiche Weißweine bis hin zu voluminösen, nicht zu tanninreichen Rotweinen. Zu einem Kaninchenbraten mit Rotkraut haben wir uns für einen samtigen Rotwein aus dem Burgenland entschieden, den Kapellmeister aus dem Hause Esterházy.

Pfanne
Biskin bei 200 °C schmelzen lassen und Keulen von jeder Seite 15 Min. anbraten.

Zwiebeln und Knoblauch auf Bratfläche verteilen und braun werden lassen.

250 ml Wasser dazugießen und die Keulen alle 10 Min. drehen und mit Bratflüssigkeit übergießen.

Bratflüssigkeit durch ein Sieb in einen Topf gießen und mit 1 Päckchen Bratensoße und 125 ml Wasser kurz aufkochen.

Auf Tellern anrichten.

Kaninchenkeulen waschen und mit Salz bestreuen.

Zwiebeln und Knoblauchzehen 1 cm würfeln.

Rotkohl in einen Topf füllen und bei mittlerer Hitze warm werden lassen.

Topf
Klöße formen (Ø 8 cm), mit ca. 10 Semmelwürfel füllen und in kochendes Wasser legen.

2 Min. aufkochen lassen und dann bei wenig Hitze 20 Min. ziehen lassen.

Schüssel
Kloßpulver in Wasser einrühren und 10 Min. quellen lassen (siehe Packung).

Pfanne
Semmel in 1 cm große Würfel schneiden und in einer Pfanne mit Butter goldgelb rösten.

Kaninchen mit Pflaumen und Speck

Stückliste für 4 Personen

Menge	Einheit	Benennung
4	Stück	Kaninchenkeulen
4	Stück	Pflaumen getrocknet
4	Scheiben	Speck
8	Stück	Zahnstocher, Holz
1	TL	frischer Thymian
1	TL	frischer Salbei
1	TL	frischer Rosmarin
1	TL	Salz
1	TL	Pfeffer

! Wenn Sie keine frischen Kräuterpflanzen haben oder sich zulegen möchten, können Sie auf getrocknete Kräuter zurückgreifen. Wer allerdings dieses Gericht einmal mit frischen Kräutern probiert hat, wird nicht mehr darauf verzichten wollen. Wenn man den frischen Rosmarin mit ein paar Öltropfen versieht, lässt er sich besser schneiden und springt beim Schneiden nicht vom Brett.

Zu solch einem Festtagsessen darf es auch mal etwas ganz Besonderes sein: den Meandro aus dem Douro von F. Olazabal & Filhos. Dieser Rotwein vereint die Wärme Portugals mit einer finessenreichen Mineralik, die dieses Gericht aufs Feinste abrunden wird.

Auflaufform
Kaninchenteile hineinlegen und 50 ml Wasser dazugeben. 1 Std. bei 200 °C braten. Alle 10 Min. mit Bratensaft übergießen.

Auf Tellern anrichten und mit Rosmarin garnieren.

Ofen auf 200 °C vorheizen.

Kleine Schüssel
Thymian, Rosmarin, Salbei, Salz und Pfeffer mischen und Kaninchenteile rundherum einreiben.

Auf jedes Kaninchenteil eine Pflaume legen, mit Speckscheibe umwickeln und mit 2 Zahnstochern fixieren.

Thymian, Rosmarin und Salbei klein hacken.

Steak Florentina mit Rosmarinkartoffeln

Stückliste für 4 Personen

Menge	Einheit	Benennung
2	Stück	T-Bone Steaks ca. 700 - 800 g
1	EL	frischer Rosmarin
2	EL	Kräuter der Provence
4	EL	Olivenöl
6	Stück	Kartoffeln

! Wenn man den frischen Rosmarin mit ein paar Öltropfen versieht, lässt er sich besser schneiden und springt beim Schneiden nicht vom Brett. Beim T-Bone Steak bekommt man zwei Fleischarten an einem Stück. Die kleine Seite ist sehr zartes Filet. Die große Seite ist Roastbeef.

Holen Sie sich mit einem Chianti Classico die Lebensfreude Italiens ins Glas! Ein Chianti Classico besticht durch sein überaus fruchtiges Bukett nach roten und schwarzen Früchten und ist mit seinen weichen Tanninen und seiner erfrischenden Säure der perfekte Begleiter zu feinen Pastagerichten oder diesem traditionellen Gericht. Wir empfehlen den Chianti Riserva „Muro Antico" von Renzo Masi.

Grill anfeuern.

Grill
Steaks 20 Min. grillen, dabei 4 x wenden.

Knochen auslösen und das Fleisch auf vorgewärmten Tellern anrichten. Filet und Roastbeef gleich verteilen.

T-Bone Steak mit Kräutern der Provence einreiben, pfeffern und salzen.

Backblech
Kartoffeln auf das Backblech legen und mit Olivenöl beträufeln. Mit Salz und Rosmarin bestreuen. 30 Min. bei 200 °C backen.

Kartoffeln waschen und vierteln.
Rosmarin klein hacken.

Teller vorwärmen.

Coq au Vin

Stückliste für 4 Personen

Menge	Einheit	Benennung
4	Stück	Hähnchenkeulen
70	g	Butter
100	g	Speck am Stück
12	Stück	Perlzwiebeln
1	EL	Mehl
40	ml	Cognac
750	ml	Rotwein
1	Stück	Lorbeerblatt
250	g	Champignons
1	TL	Thymian
1	TL	Petersilie

! Dieses Gericht sollte idealerweise mit dem Wein gekocht werden, den man zum Essen reichen wird.

Dieses Gericht gilt als französisches Nationalgericht und erhält je nach Region und dem zum Kochen verwendeten Wein, den Beinamen der Gegend aus dem der Wein stammt. Wir gehen neue Wege und kreieren den „Coq au vin de Suisse". Dazu empfehlen wir Ihnen einen Pinot Noir aus dem Barrique der Staatskellerei Zürich, den Pankraz Pinot Noir.

1 Std. 40 Min.　　　　　1 Std. 20 Min.　　　　　10 Min.

Großer Topf
Hähnchenteile 10 Min. bei
¾ Hitze anbraten und alle
2 Min. wenden.
Vorsichtig mit 1 EL Mehl bestäuben, 5 Min. weiter braten.

Mit Cognac übergießen
und flambieren.
Speck, Zwiebeln und Wein
dazugeben. Bratensatz vom
Boden lösen. Thymian, Lorbeerblatt, Salz und Pfeffer
dazugeben. Deckel drauf,
1 Std. bei ½ Hitze kochen,
alle 10 Min. rühren.
Die letzten 15 Min. Cham-
pignons dazugeben.

Fett abschöpfen und weg-
gießen. Bei großer Hitze
5 Min. Soße auf die Hälfte
einkochen.

Hähnchenteile, Zwiebeln,
Speck und Champignons
in den Topf geben und bei
½ Hitze erwärmen.

*Auf
Tellern
anrich-
ten.*

kleiner Topf
50 g Butter erhitzen. Speck und
Zwiebeln dazugeben und 10 Min.
bei ½ Hitze anbraten.

Schüssel
Hähnchenteile, Zwiebeln, Speck und
Champignons aus dem Topf nehmen.

Perlzwiebeln 10 Min.
bei ½ Hitze kochen,
häuten und Wurzel-
enden abschneiden.

Pfanne
20 g Butter erhitzen.
Champignons dazu-
geben und 5 Min. bei
½ Hitze anbraten.

49

Schweinefleisch mexikanisch

Stückliste für 4 Personen

Menge	Einheit	Benennung
400	g	Schweinsrücken
200	g	Rucolasalat
100	g	Maiskörner
4	EL	Balsamico
2	Stück	Knoblauch
1	TL	Salz
1	TL	Pfeffer
1	TL	Zucker
1	TL	Currypulver
1	TL	Paprikapulver
1	TL	Sambal Olek
20	g	Mandelblättchen
16	EL	Traubenkernöl

! Schweinefleisch nimmt beim Braten viel Öl auf, da es relativ trocken ist. Deshalb sollte man beim Anbraten nicht sparsam mit dem Öl sein. Überschüssiges Öl bleibt in der Pfanne zurück. Sambal Olek ist eine Chiliwürzsauce, die sie in jedem Asia-Shop kaufen können.

Dieses Gericht überrascht mit seinen vielen Aromen und Geschmackseindrücken: von scharf, würzig bis hin zu einer leichten Süße durch den Mais. Da braucht es einen Wein der mithalten kann. Wir empfehlen den El Parron Reserva aus Chile.

Pfanne
6 EL Öl in Pfanne heiß werden lassen und das marinierte Fleisch bei voller Hitze 4 Min. anbraten.

Fleisch und Salat auf Tellern anrichten.

Schüssel
Fleisch mit Salz, Pfeffer, Currypulver, Paprikapulver, Sambal Olek, Knoblauch und 4 EL Öl mischen und 10 Min ziehen lassen.

Fett vom Schweinerücken entfernen.
Schweinefleisch in dünne Scheiben schneiden (3–5 mm).
Knoblauch in 5 mm Würfel schneiden.

Schüssel
Mandeln über den Salat streuen, Dressing darübergeben und alles gut wenden.

Mais über den Salat geben.

Salat waschen.

kleine Schüssel
Balsamico, 4 EL Kernöl, Salz, Pfeffer und Zucker verrühren.

Pfanne
Mais mit 2 EL Kernöl in der Pfanne anbraten.

Rinderfilet a la Laguiole

Stückliste für 4 Personen

Menge	Einheit	Benennung
4	Stück	Rinderfilet je 200 g
2	Stück	Paprika rot
10	EL	Traubenkernöl
1	TL	Pfeffer
1	TL	Salz

! Da das Fleisch, im Gegensatz zum braten in der Pfanne, sehr langsam gart, wird es sehr zart und man kann beim Anschneiden sehen wie weit das Fleisch durch ist (roh, medium, durch) und den richtigen Zeitpunkt zum Servieren einschätzen.

Zu diesem Festessen empfehlen wir Ihnen einen argentinischen Rotwein: den Clos de los Siete. Dies ist der eigene Wein des weltbekannten Önologen Michel Rolland, der namhafte Weingüter wie „Le Pin" im Bordelais berät. Der Wein überzeugt mit seiner samtigen Frucht und seinem vollen, runden Körper. Er passt somit wunderbar zum rosa gegarten Rindfleisch und unterstreicht die feine Süße der angebratenen Paprika.

Pfanne
Steak in einer Pfanne mit 4 EL Traubenkernöl von jeder Seite bei ¾ Hitze anbraten.

Die Pfanne in den Ofen und 30 Min. bei 120 °C weiter backen.

Steak und Paprika auf Tellern anrichten, pfeffern und salzen.

Steak abwaschen und trocken tupfen.

Ofen auf 120 °C vorheizen.

Pfanne
Paprika mit 6 EL Traubenkernöl für 10 Min. bei ½ Hitze anbraten.

Paprika waschen und in Streifen schneiden.

Teller vorwärmen.

Dessert

Dessert

Dessert

Postre

Dolce

Sobremesa

Definition: Ein Dessert ist eine meist süße, kalte oder warme Speise, die am Ende eines Menüs gereicht wird.
Diese sollte dem Menü einen krönenden Abschluss geben.

Bourbon-Vanilleeiscreme mit Samba

Stückliste für 4 Personen

Menge	Einheit	Benennung
30	g	brauner Zucker
15	g	Kokosflocken
200	g	Ananasstücke aus der Dose
10	Stück	Nelken
50	ml	Ananaswasser
4	Kugeln	Bourbon-Vanilleeis

! Vanilleeis kann auch in der Eisdiele frisch geholt werden. Ihre Gäste werden es zu schätzen wissen. Die Ananas-Kokos-Mischung lässt sich gut einfrieren. Wenn Sie eine größere Portion machen, können Sie dieses Dessert beim nächsten Mal im Handumdrehen zaubern.

Den passenden Wein für ein Dessert zu finden ist nicht immer ganz einfach. Es kommt immer darauf an, um was für eine Art Dessert es sich handelt. Bei diesem Gericht empfehlen wir einen Eiswein der Staatskellerei Zürich. Er vermählt perfekt die schwere Süße eines edelsüßen Weines mit der benötigten Säure, damit das Dessert nicht allzu üppig erscheint.

Topf
Zucker bei ¾ Hitze erwärmen, bis der Zucker karamellisiert.

Kokosflocken dazutun und bei ½ Hitze 2 Min. verrühren.
Ananasstücke, Nelken und Ananaswasser unterrühren, ca. 15 Min. bei ¼ Hitze köcheln lassen.

Das Vanilleeis auf Tellern anrichten und die Ananasmasse noch warm darübergeben.

Flüssigkeit aus der Ananasdose abgießen und 50 ml aufheben.

Kaiserschmarren

Stückliste für 4 Personen

Menge	Einheit	Benennung
4	Stück	Eier
125	g	Mehl
250	ml	Milch
60	g	Zucker
1	Stück	Vanilleschote
40	g	Butter
¼	TL	Salz
50	g	Rosinen
½	TL	abgeriebene Zitronenschale
20	g	Puderzucker

! Zum Kaiserschmarren passt sehr gut Apfel- oder Pflaumenmus. Wer keine Vanilleschote benutzen möchte kann alternativ auf ein Päckchen Vanillezucker zurückgreifen.

Auch zu Mehlspeisen lassen sich Süßweine hervorragend kombinieren. Wichtig ist die gute Balance zwischen Süße und Säure. Wir empfehlen Ihnen eine Trockenbeerauslese aus dem Burgenland: die Scheurebe Trockenbeerauslese von Alois Kracher.

Pfanne
Butter bei mittlerer Hitze braun werden lassen.

In der Pfanne braten und in kleine mundgerechte Stücke zerteilen.

Auf Tellern anrichten und mit Puderzucker bestreuen.

Schüssel
Braune Butter, Mehl, Vanillemark, Eigelb, Zitronenschale, Rosinen mit dem Mixer verrühren.

Eischnee vorsichtig unterheben.

Vanilleschote längs aufschneiden und Mark auslösen. Zitronenschale abreiben.

Eier trennen.
(Eiweiß/Eigelb)

Schüssel
Eiweiß und Salz mit dem Mixer zu Eischnee schlagen. Sobald der Eischnee schaumig wird Zucker langsam einstreuen und den Eischnee schlagen bis er fest wird.

Pflaumen-soufflé mit Cognac

Stückliste für 4 Personen

Menge	Einheit	Benennung
250	g	Pflaumen, entsteint
20	g	Butter
4	cl	Cognac
1	EL	Zucker
5	EL	Puderzucker
6	Stück	Eier
¼	TL	Salz

! Das Eigelb kann man sehr gut in einer kleinen Plastikschüssel einfrieren und später für andere Desserts oder für Rühreier verwenden. Besonders gut eignen sich Pflaumen aus dem Glas, da diese sehr süß und saftig sind und sich sehr gut pürieren lassen.

Y Je üppiger ein Dessert, desto kräftiger und oppulenter darf auch der dazu begleitende Wein sein. Zu diesem feinen Pflaumensoufflé haben wir uns für einen portweinartigen Likörwein aus der Ostschweiz entschieden: den Vintage, eine Spezialität der Staatskellerei Zürich.

Souffléform
Ø 20 cm mit Butter einfetten und mit Zucker ausstreuen.

Masse in die Souffléformen geben und 20 Min. bei 180 °C im Ofen backen.

Mit Puderzucker bestäuben und noch warm servieren.

Schüssel
Pflaumen und Cognac über Nacht durchziehen lassen.

Flüssigkeit abgießen und die Pflaumen pürieren.

Eischnee vorsichtig unter das Pflaumenpüree heben.

Schüssel
Eiweiß und Salz mit dem Mixer zu Eischnee schlagen. Sobald der Eischnee schaumig wird Puderzucker langsam einstreuen und den Eischnee schlagen bis er fest wird.

Eier trennen
(Eiweiß/Eigelb)

Maracuja-mousse

Stückliste für 4 Personen

Menge	Einheit	Benennung
200	ml	Kondensmilch
200	ml	Maracujasaft
2	Blatt	Gelatine
200	ml	süße Sahne
1	Stück	Maracuja

! Das Rezept funktioniert genauso mit Mango oder anderen Südfrüchten. Hier sollte das Fruchtfleisch verwendet und auch mit in den Mixer gegeben werden.

Die Maracuja besticht durch ihren süß-säuerlichen Geschmack, der als sehr erfrischend empfunden wird. Der Wein, der zu diesem Dessert genossen wird, sollte diese Eigenschaft auf keinen Fall überdecken, sondern harmonisch unterstreichen. Wir empfehlen den Sauvignon blanc Late Harvest von Errazuriz, der durch seine Grapefruit-Aromen die Exotik des Gerichts unterstreicht.

Schüssel
Gelatinewasser, Kondensmilch, Maracujasaft und süße Sahne mixen.

In Schalen abfüllen und 4 Std. im Kühlschrank abkühlen lassen.

Gut gekühlt mit Maracujastücken garnieren und servieren.

Topf
Gelatine 5 Min. in 100 ml Wasser aufweichen und unterrühren, 2 Min. bei ½ Hitze erwärmen.

Maracuja öffnen und Kerne herausschälen.

Mousse au Chocolat

Stückliste für 4 Personen

Menge	Einheit	Benennung
125	g	Zartbitterschokolade
40	g	Butter
¼	TL	Salz
3	Stück	Eier
2	EL	Puderzucker

! Gute und günstige Schokolade mit viel Kakaoanteil (Min. 60% Kakaoanteil) gibt es beim Discounter und eignet sich ausgezeichnet als Grundlage für Desserts.

Ein Portwein zu einer Mousse von dunkler Schokolade ist ein Geschmackserlebnis, das seinesgleichen sucht. Wir empfehlen einen Port aus dem Hause Quinta do Noval, den Late Bottled Vintage Unfiltered. Ein solcher Port ist der Verschnitt von Weinen eines Jahrgangs, die 5 bis 6 Jahre im Fass reifen, bevor sie auf die Flasche gefüllt werden. Diese Ports sind sofort genussbereit, können aber auch noch auf der Flasche reifen.

kleiner Topf
Schokolade bei ¼ Hitze unter Rühren schmelzen lassen.

Butter hinzugeben und unterrühren. Eigelb in die Masse einrühren und den Topf vom Herd nehmen.

Eischnee vorsichtig unter die Schokomasse heben. Der Eischnee soll dabei nicht zusammenfallen.

Mousse in 4 kleine Schalen oder Gläser füllen und 4 Std. im Kühlschrank fest werden lassen.

Mit Schokoladenstreuseln und Pfefferminzblättern garnieren und gut gekühlt servieren.

Schokolade in kleine Stücke teilen.

Butter in kleine Stücke teilen.

Eier trennen.
(Eiweiß/Eigelb)

Schüssel
Eiweiß und Salz mit dem Mixer zu Eischnee schlagen. Sobald der Eischnee schaumig wird Puderzucker langsam einstreuen und den Eischnee schlagen bis er fest wird.

Bayerische Creme mit Himbeermark

Stückliste für 4 Personen

Menge	Einheit	Benennung
3	Stück	Eier
60	g	Puderzucker
4	Blatt	Gelatine
1	Stück	Vanilleschote
200	g	Himbeeren
2	TL	Zucker
300	g	Schlagsahne

! Zum Anrichten können Sie die Bayerische Creme auch auf Dessertteller stürzen. Dazu halten Sie die Förmchen vorher kurz in heißes Wasser. Beim Garnieren kommt es immer gut an, wenn man mit einem Zahnstocher kleine Verzierungen mit dem Himbeersaft auf den Teller malt. Das Eiweiß wird nicht verwendet und kann sehr gut in einer kl. Plastikschüssel eingefroren werden und später für andere Desserts verwendet werden.

Kennzeichnend für dieses Dessert ist die Harmonie der Süße der Creme mit der Frucht und der angenehmen Säure des Himbeermarks. Um diese Harmonie zu komplettieren empfehlen wir Ihnen einen ausdrucksstarken Riesling von der Mosel: Die Riesling Beerenauslese aus dem Hause Markus Molitor.

Schüssel
Gelatine in Schüssel geben und Ei-gelbmischung langsam mit dem Rührgerät unterrühren. ½ Sahne un-terrühren, die restliche Sahne mit dem Löffel unter die Masse heben.

Masse in 4 Dessertschalen geben und 2 Std. im Kühlschrank fest wer-den lassen.

Creme auf Teller an-richten und mit Him-beermark garnieren.

kleine Schüssel
Gelatine 5 Min. in Wasser einweichen. Wasser abgießen, Blätter ausdrücken und im Wasserbad erwärmen bis sich die Gelatine auflöst.

Schüssel
Himbeeren und Zucker im Mixer pürieren, durch ein Sieb in eine Schale streichen.

kleine Schüssel
Eigelb, Puderzucker und Vanillemark mit einem Rührgerät schaumig schlagen.

Eier trennen (Eiweiß/Eigelb), Vanilleschote längs teilen und Mark herauskratzen.

Schüssel
Sahne steif schlagen.

Gin Sorbet mit kandierten Orangen Zesten

Stückliste für 4 Personen

Menge	Einheit	Benennung
100	ml	Gin
150	ml	Tonic
80	ml	Wasser
130	g	Zucker
1	Stück	Bio Orange

! Um die Orangenzesten zu kandieren sollte der Zucker nur schmelzen und nicht braun werden. Wenn die Orangenstreifen mit Zucker kandiert sind, müssen sie sofort auf die Sorbetkugeln, da der Zucker schnell sehr fest wird. Werden die Dessertschalen vorher im Gefrierfach gekühlt, schmelzen die Sorbetkugeln nicht so schnell.

Ein Gericht ist immer nur so gut wie seine Zutaten. Daher sollte ein qualitativ hochwertiger Gin verwendet werden, immerhin handelt es sich um die Hauptzutat. Wir empfehlen den THE DUKE – Munich Dry Gin. Seine kräftige Wacholdernote kreiert mit dem Chinin des Tonic Waters und der Orangenschale eine unverwechselbare Liaison.

Metalschüssel
Zuckerwasser, Tonic, Gin und Orangenabrieb durchmixen und ins Gefrierfach.

Kugeln aus Sorbetmasse formen.

In Cocktailschalen mit kandierten Orangenzesten servieren.

½ Orange abreiben

kleiner Topf
80 ml Wasser und 80 g Zucker kurz aufkochen und abkühlen lassen.

Pfanne
50 g Zucker schmelzen lassen und die Orangenzesten kandieren.

dünne Streifen (Zesten) aus der ½ Orange schneiden.

Weinempfehlungen der Mövenpick Wein AG

2009 Abadía Vegas Verdejo
VdT Castilla y Léon
Bodegas Avelino Vegas

Helles Zitronengelb. Weiße und gelbe Früchte in der fruchtigen Nase, viel Reineclauden und Holunderblüten, unterlegt mit Zitronengras und Mandelblüten. Erfrischendes Säurespiel und angenehm leicht im Gaumen, wieder typische Verdejo-Frucht, Mirabellen und Pfirsich, nun auch Grapefruit und Limetten, unbegrenzter Trinkspaß bis ins blumig ausklingende Finale. Jetzt bis 2014. Traubensorte: Verdejo.

2008 Riesling Trocken
Graf Burgenthal
Rheinhessen
Weingut Becker Landgraf:

Leuchtendes Gelb. Frische Ananas und weißer Pfirsich in der fruchtbetonten Nase, zarte Akazienhonignoten dahinter. Großartige Balance zwischen frischer Zitrusfrucht und cremiger Fülle, feine Mineralik in der Mitte, wieder viel gelbe Frucht sowie Ananas in allen Facetten, begleitet von verführerischer Exotik bis ins traubige Finale. Jetzt bis 2017. Traubensorte: Riesling.

2008 Foras
Cannonau di Sardegna DOC
Cantine Sardus Pater

Dunkles Rubin. Von schwarzer Schokolade, Edelhölzern und Lakritze geprägtes Nasenbild. Weicher Auftakt, abgelöst von einer köstlichen Aromatik nach Brombeeren und Heidelbeeren, dezente Kräuternoten, in schöner Balance mit einer gut stützenden Säure, sehr kraftvoll, exzellente Tannine, lang. Jetzt bis 2013. Traubensorte: Cannonau.

2007 La Falaise
Coteaux du Languedoc AOC La Clape
Château de la Négly

Kräftiges Rubin; fast purpur. Charmante Nase von schwarzen Pflaumen, gepaart mit den typischen Gewürzen aus Frankreichs Süden; Thymian und Rosmarin. Kompakter Gaumen mit viel Brombeerfrucht, feinen Zimtnoten und etwas Süßholz, gut eingebundene Tannine, leicht salzige Abgangsnote, lang. Jetzt bis 2014. Traubensorten: Syrah, Grenache, Mourvèdre.

2009 Chenin Blanc Inspire
Western Cape
Spier Wines

Helles Gelb. Verführerisches, exotisches Bouquet: Litschi, reifer Pfirsich, gelbe Rosen und Passionsfrucht. Im Gaumen wunderbar leicht und tänzerisch, animierendes Säurespiel, Quitte, leichte Bittermandel-Vanillenuancen und feine Honignote im gelbfruchtigen Abgang. Jetzt bis 2016. Traubensorte: Chenin Blanc.

Fino Sherry Solera Reserva Jarana
Emilio Lustau

Hellgelb. Zarter Duft von Nüssen; leicht, erfrischend und verspielt, charaktervoll im Nachhall. Sensationelle 90 Punkte sowohl von Robert Parker, als auch vom Wine Spectator.

Crémant de Loire AOC
Tresor Rosé Brut
Bouvet-Ladubay

Dieser Crémant de la Loire wurde aus Cabernet Franc gekeltert, ist fruchtig, vollmundig und schafft einen eleganten und unverfälschten Genuss. Frisch und zart perlend, gut balanciert mit lang anhaltendem Abgang bereichert dieser roséfarbene Schaumwein jede Festlichkeit. Traubensorte: Cabernet Franc.

2008 Compleo Cuvée Noir SKZ
Staatskellerei Zürich

Dichtes Purpur. Verführerisches Bouquet nach Amarenakirschen und dezenten Noten von Vanille und Schokolade. Crèmiger Gaumenfluss mit sanften Tanninen und verschwenderischer Kirschfrucht. Feine Honig-, Moccanote im sanft ausklingenden Finale. Jetzt bis 2015. Traubensorten: Pinot Noir, Diolinoir, Cornalin.

2008 Sancerre Vigne Blanche, Domaine
Henri Bourgeois

Helles Gelb, grünliche und goldene Reflexe. Sortentypische, sehr ausdrucksvolle Nase nach gelber Steinfrucht, aber vor allem auch zarten Agrumendüften, etwas nassem Stein. Ungemein delikate Frucht am Gaumen, Holunderblüten und Limetten, in Kombination mit einer tollen Frische, die aber nicht aggressiv wirkt; eine dezente Mineralik dahinter, insgesamt sehr facettenreich. Jetzt bis 2015. Traubensorte: Sauvignon Blanc.

2004 Don Sebastian Reserva
Rioja DOCa
Unión Viti-Vinícola

Intensives Rubin mit feinem Granat. Dörrfrüchte und Milchschokolade in der facettenreichen Nase, auch Birnbrot, Rotweinfeigen und edle Nussschokolade. Cremiger Gaumenfluss mit veloursartigem Tannin und geleeartigem Extrakt, feine Lebkuchensüße in der gut balancierten Mitte, wiederum vielschichtige Fruchtnuancen, Waldbeeren und getrocknete Kirschen, viel Noblesse bis ins sanft ausklingende Finale. Jetzt bis 2017. Traubensorten: Tempranillo, Garnacha, Graciano.

2008 Château d`Antugnac
Terres Amoureuses
Limoux AOC

Glänzendes Goldgelb, grünliche Reflexe. Reife Birnen, Quitte und Zitronenminze im offenen, sehr ausdrucksstarken Bouquet. Eleganter und mit einem guten Körper versehener Gaumen, der an Ananas und gelbe Pflaumen erinnert; dezente, aber gut stützende Säure, nach und nach auch feine Honignoten und frisch geröstetes Weißbrot zeigend, prächtige Länge. Jetzt bis 2013. Traubensorte: Chardonnay.

2009 Coteaux du Languedoc Rosé AOC
Domaine de Nizas & Salleles

Glänzendes Himbeerrosé. Würzig-fruchtiges Bouquet nach Himbeere, Mandarine und einem Hauch Pfingstrose. Angenehmer Auftakt, abgelöst von einer frisch-fruchtigen Komponente aus Erdbeeren und etwas weißem Pfeffer, ausgeglichen und lebendig, raffinierter Ausklang. Jetzt bis 2012. Traubensorten: Grenache, Syrah, Mourvèdre.

2007 Etoile du Sud
VdP des Côtes Catalanes
Calvet-Thunevin

Intensives Granatrot. Typisches Grenache-Bouquet, Korinthenschokolade und süße Kirschen, auch Dörrzwetschgen und Walderdbeeren. Cremiger Gaumenfluss mit enormem Fruchtdruck und feinem Schmelz, perfekt eingebundene Tannine, viel Wärme in der Mitte, Kirschenkompott, reife Pflaumen, dezente Pralinennoten im lange nachklingenden Finale. Jetzt bis 2016. Traubensorten: Grenache, Carignan.

2008 Châteauneuf-du-Pape AOC
Grands Classiques
Domaine de la Présidente

Sattes, glänzendes Rubin. Großartiges Bouquet nach kleinen, roten Früchten, Kirschen und Himbeeren, im schönen Wechselspiel mit Gewürznelke- und Anisdüften. Sehr konzentrierte, mundfüllende Aromatik mit rotfruchtigen Noten, finessenreiche Komplexität, wiederum eine tolle Würze, bestens strukturiert und mit saftigen Tanninen ausgestattet, langes Finale mit schokoladigen Noten. Jetzt bis 2015. Traubensorten: Grenache, Syrah, Cinsault, Mourvèdre.

2007 Malbec Reserva Puerta Secreta
Mendoza
Familia Zuccardi

Dichtes Purpur. Backpflaumen und Zimtkirschen in der komplexen Nase, schwarzer Holunder und Lakritze dahinter. Fülliger Gaumen mit samtigen Tanninen, marmeladigem Extrakt und dezentes Kaffeetoasting, reife Brombeeren und Schokolade, typische Mendoza-Wärme und konstanter Gaumendruck bis ins lange anhaltende Finale. Jetzt bis 2017. Traubensorte: Malbec.

2007 Kapellmeister
Burgenland, Esterházy Wein

Leuchtendes Granat mit funkelnder Mitte. Waldbeeren und karamellisierte Mandeln in der elegant wirkenden Nase, mit reifen Brombeeren und verführerischen Kirschkuchennoten unterlegt. Samtig weicher Gaumenfluss mit runden Tanninen und cremigem Extrakt, viel Zwetschgen und getrocknete Kirschen in der vielschichtigen Mitte, auch Walderdbeeren und Haselnussgebäck, gute Balance und Burgenländische Noblesse bis ins sanft ausklingende Finale. Jetzt bis 2017. Traubensorten: Merlot, Blaufränkisch.

2007 Meandro Do Vale Meão
Douro DOC, F. Olazabal & Filhos

Undurchlässiges Purpur. Schwarze Kirschen und Backpflaumen in der konzentrierten Nase, typische Douro-Mineralik dahinter, an schwarzen Pfeffer, Oliven und Edelbitterschokolade erinnernd. Cremiger Auftakt mit verführerischer Wärme und perfekt eingebundenen Tanninen, samtige Textur und viel schwarze Frucht auch in der Mitte, Brombeergelee und feines Cassis, sehr komplex und dennoch großartige Balance bis ins lange Finale. Jetzt bis 2018. Traubensorten: Touriga Nacional, Tinta Roriz, Touriga Franca, Tinta Amarela, Tinta Barroca.

2006 Chianti Riserva DOCG
Muro Antico, Renzo Masi

Undurchlässiges Purpur mit rubinroter Mitte. Amarenakirschen und Backpflaumen in der komplexen Nase, großartige Fruchtintensität, unterlegt mit Schokolade und karamellisierten Mandeln. Druckvoller Auftakt mit runden Tanninen, Waldbeeren und Kirschen, sanfte Textur und enorme Fülle bis ins schokoladige Finale. Jetzt bis 2018. Traubensorten: Sangiovese, Syrah, Colorino.

2008 Pankraz Pinot Noir Barrique
Staatskellerei Zürich

Rubinrot. In der Nase intensives Pinotbouquet; Vanille, dunkle Beeren, unterstützt von dezenten Röstnoten. Weicher Gaumenfluss, Pflaumentöne, zarte Bitterschokolade, vielschichtig konzentriertes Extrakt. Langes Finale. Jetzt bis 2017. Traubensorte: Pinot Noir.

2008 El Parrón Reserva
Cabernet Blend, Rapel Valley
Viña Errázuriz

Undurchlässiges Purpur. Cassis und reife Brombeeren in der konzentrierten Nase, auch Schokolade, geröstetes Brot und schwarzer Holunder. Samtiger Gaumenfluss mit großartigem Fruchtdruck und cremiger Textur, unverkennbare Chile-Wärme und auch in der gut balancierten Mitte viel Schmelz, wieder viel blaue und schwarze Frucht, nun auch Heidelbeergelee und eingelegte Kirschen, verführerisches Barrique-Toasting an Nussschokolade und Kaffee erinnernd, überwältigender Trinkspaß bis ins lange nachklingende Finale. Jetzt bis 2015. Traubensorten: Cabernet Sauvignon, Carmenere, Syrah.

2007 Clos de Los Siete Mendoza
Michel Rolland

Purpurrot, fast violett. Reifes Bouquet nach schwarzen Johannisbeeren, Edelhölzern, Pralinen. Wunderbar süße Frucht im einnehmenden Gaumen, crèmig, Brombeeren und reife Zwetschgen, schöne Röstaromatik, dunkles Brot, druckvolles Finale. Jetzt bis 2014. Traubensorten: Malbec, Merlot, Cabernet Sauvignon, Syrah.

2009 Eiswein
Staatskellerei Zürich

Helles Bernstein. Offenes, fruchtiges Bouquet von Quitten und Aprikose. Am Gaumen eine schmelzende Süße mit feiner Säure, ergänzt durch Noten von reifen Beeren und Blütenhonig. Seine hohe natürliche Restsüße, gepaart mit feiner frischer Säure, verleiht ihm seinen unverwechselbaren Charakter. Traubensorte: Pinot Noir.

2007 Scheurebe
Trockenbeerenauslese
Burgenland, Alois Kracher

Mittleres Goldgelb. Fein parfümiertes Bouquet: reife Quitte, Kumquats, Mirabellenkonfitüre, feine Kräuterwürze sowie Weingarten-Pfirsich. Am Gaumen elegant mit Anklängen an weißen Pfeffer und Butterspekulatius, cremige Textur mit feinem Fettfilm, perfekt eingebundenes Säure-Süße-Spiel und fruchtigem Schmelz im Finale. Jetzt bis 2030. Traubensorte: Scheurebe.

2004 Vintage
Zürcher Likörwein
Staatskellerei Zürich

Dunkles Rubinrot. Feiner Zimtduft, süßlich-nussige Aromatik, getrocknete Orange, Nougat und Schokonoten im feinherben Gaumen. Fruchtiges Aromaspiel im Finale. Jetzt bis 2020. Traubensorte: Pinot Noir.

2007 Sauvignon Blanc Late Harvest
Valle de Casablanca
Viña Errázuriz

Mittleres Gelb, goldene Reflexe. Süßes Sauvignon blanc-Bouquet, an Grapefruit und getrocknete Aprikosen erinnernd, auch subtile florale Noten. Fülliger, weicher Körper, Dörrfrüchte und eine Spur Honig, gestützt von einer angenehmen Säure, gute Länge. Jetzt bis 2015. Traubensorten: Sauvignon Blanc, Gewürztraminer.

2003 Porto Late Bottled Vintage
Unfiltered
Quinta do Noval

Undurchsichtiges Purpur. Verströmt einen betörenden Duft nach reifen Feigen und schwarzer Kirsche. Am Gaumen dicht mit edlen Tanninen. Im endlos wirkenden Finish - dunkle Schokolade und Kokos. Jetzt bis 2025: Traubensorten: Touriga Nacional, Touriga Franca, Tinta Roriz, Tinto Cão.

2006 Riesling Beerenauslese
Weingut Markus Molitor

Nirgendwo ist die Kombination von Finesse und Kraft, von fein ziselierter Säure und opulenter Restsüße perfekter. Die Beerenauslese des Jahrgangs 2006 präsentiert komplexe Aromen von reifen Aprikosen, Pfirsichnektar, Mango und Honig. Am Gaumen druckvoll, konzentriert und lebendig, balanciertes Süße-Säurespiel. Langanhaltender mineralischer Abgang. Jetzt bis 2025. Traubensorte: Riesling.

THE DUKE Destillerie

Beim Geschmack haben sich die beiden Destillateure auf die Wurzeln des Gins besonnen, auf das Wacholderaroma. Das sollte deutlich im Vordergrund stehen, und zum Beispiel auch bei einem „Duke Tonic" klar herauszuschmecken sein. Neben dem Wacholder bestimmen Noten wie Lavendelblüte, Kubebenpfeffer, Zimtrinde, Koriander, Orangenblüte, Ingwerwurzel und frische Zitronenschalen das Aroma. Übrigens: Hopfen und Malz, Gott erhalt's! – heißt es nicht nur beim Genuss eines süffigen Gerstensaftes. Denn beides sind wichtige Bausteine des „THE DUKE – Munich Dry Gin" und tragen zum weichen und runden Gesamteindruck des Destillats bei immerhin 45% vol bei. Pur bei Zimmertemperatur, oder als Martini oder Gimlet – immer ein Genuss.

Hinter dem „THE DUKE – Munich Dry Gin" stehen die zwei Gründer Daniel Schönecker und Maximilian Schauerte aus München. Mitten in der Stadt haben sie eine Destillerie für die Ginherstellung aufgebaut.

Von der Auswahl der Kräuter und Gewürze über die Mazeration, Destillation und Filtration bis hin zur Abfüllung und Etikettierung findet die komplette Produktion in der Brennerei statt. Dabei werden die ausgesuchten Kräuter und Gewürze mit hochprozentigem Alkohol angesetzt, und anschließend aromaschonend destilliert.

Vor der Abfüllung erfolgt eine sorgfältige Filtration, die Reinheit und Klarheit garantiert. Nach einer kurzen Lagerzeit wird der Gin von Hand abgefüllt, etikettiert und verpackt, bevor er die Reise zum Gaumen des Genießers antreten kann. Dabei bestimmen Handarbeit und die Herstellung in kleinen Chargen die Güteklasse eines „The Duke – Munich Dry Gin".

Der Name „THE DUKE" bezieht sich auf Herzog Heinrich den Löwen, welcher mit dem Bau einer Brücke über die Isar vor über 850 Jahren die Stadtgründung Münchens besiegelte.